Dieter Nadolski

August der Starke – wie er wirklich war

Die häufigsten Irrtümer über den legendären Sachsen

TAUCHAER VERLAG

KURZWEILIGES NR. 65

Nadolski, Dieter:
August der Starke – Wie er wirklich war /
Kurzweiliges 65
2. Aufl. – [Leipzig]: Tauchaer Verlag 2024
ISBN 978-3-89772-329-0

Satz/Herstellung: Sabine Ufer Verlagsherstellung Leipzig
Printed in the EU

ISBN 978-3-89772-329-0

Die eingedruckte ISBN ist falsch!

Die richtige ISBN lautet:

978-3-89772-135-7

Nadolski, Dieter:
August der Starke – Wie er wirklich war /
Kurzweiliges 65
2. Aufl. – [Leipzig]: Tauchaer Verlag 2024
ISBN 978-3-89772-135-7

Satz / Herstellung:
Sabine Ufer Verlagsherstellung Leipzig
Printed in the EU

ISBN 978-3-89772-135-7

Inhalt

Vorwort

Im Alter von noch nicht einmal 35 Jahren hatte der sächsische Kurfürst Friedrich August I. – den man heute als August den Starken bezeichnet – einen bemerkenswerten Entschluss gefasst: Der Wettiner begann mit der Aufzeichnung seiner Memoiren. Aus einem nicht mehr nachvollziehbaren Grund wählte er dafür die französische Sprache, obwohl nahezu alle von ihm selbst zu Papier gebrachte Korrespondenz in Deutsch, genauer gesagt in Sächsisch erfolgte. Spontan verbreitete sich daraufhin das Gerücht, der Fürst spreche nur noch Französisch.

Als August im Sommer 1730 in Zeithain in Anwesenheit des Preußenkönigs und hunderter weiterer Gäste aus dem In- und Ausland ein gewaltiges Manöver ablaufen ließ, bewirtete er die Besucher mit großem Aufwand. Nicht nur das gesamte Hofsilber aus der Dresdner Residenz wurde herbei geholt, sondern sogar aus dem fernen Augsburg beschaffte man weiteres Silberzeug. »Und das bei einem Mann, der eigentlich keine guten Tischmanieren hat«, wurde geflüstert. Dabei galten die von dem Herrscher gepflegten Tischsitten als so mustergültig, dass sie sogar in dem von Julius Bernhard von Rohr verfassten Standardwerk über die »Ceremonialwissenschaften« bei Hofe Einzug hielten.

Vor seinem schon mit 44 Jahren verstorbenen Vater hatte August ebenso Respekt wie vor seiner Mutter, die sich als Witwe auf das Schloss Lichtenburg zurückzog. Sehr häufig besuchte sie der Sohn und schrieb ihr dankbare Briefe. Seine respektvolle Anrede lautete: »Duchleichtigste churfürstin, genedige vrau mutter.« Dennoch behaupten einige unserer Zeitgenossen, Achtung gegenüber dem Elternhaus habe der Sachse nicht gehabt.

Die falschen Ansichten hinsichtlich des Sprachgebrauchs, der Tischmanieren, der Dankbarkeit und des Respekts sind freilich nicht die Schwergewichte im Reigen der vielen Irrfümer. Viel massiver und weit mehr verbreitet sind solche unrichtigen Behauptungen wie die vom Kinderreichtum, von der Unreligiosität oder den bis zum Lebensende anhaltenden Affären. Von diesen und einer Reihe weiterer falscher Schablonen wollen wir in dem Büchlein erzählen und hoffen, damit ein Bild von August dem Starken zu formen, wie er tatsächlich war.

Er habe seine Ehefrau nie geliebt

Am 5. September 1727 verstarb Augusts Ehefrau Christiane Eberhardine in Pretzsch an der Elbe. Am 19. Dezember wäre sie 56 Jahre alt geworden. Zu der Begräbnisfeier erschien aus Dresden zwar der Oberhofprediger Bernhard Walther Marperger, der auch die Trauerrede hielt, aber Christiane Eberhardines Ehemann reiste nicht an. Für die Öffentlichkeit war die Ignoranz nicht überraschend, denn für jedermann sichtbar gab es nur noch formale Beziehungen zwischen den beiden Eheleuten. Seit etwa drei Jahrzehnten weilte die Kurfürstin kaum noch am Dresdner Hof; anfangs hielt sie sich überwiegend in dem Torgauer Schloss Hartenfels und dann in Schloss Pretzsch auf.

Die Trauerfeier und Beerdigung Christiane Eberhardines in Abwesenheit der Familie - auch der Sohn war nicht erschienen - gibt jenen Wasser auf die Mühle, die meinen, August habe seine Ehefrau von Anfang an nicht geliebt. Die Vermählung sei aus Gründen der politischen Zweckmäßigkeit zustande gekommen und dementsprechend von beiden Elternhäusern ausgehandelt worden. Richtig ist, dass es sehr wohl Verhandlungen gegeben hat, allerdings nicht aus politischen Erwägungen heraus. Falsch ist hingegen die Behauptung, der Wettiner sei in die junge Frau aus dem markgräflichen Haus Brandenburg-Bayreuth zu keinem Zeitpunkt verliebt gewesen.

Die Liebesgeschichte begann mit einem Verwandtenbesuch. Christianes Vater Ernst von Brandenburg-Bayreuth hatte 1662 Erdmuthe Sophia, eine Tochter des sächsischen Kurfürsten Johann Georg II. - mithin Friedrich Augusts Tante - geheiratet. 1668 reiste Ernst mit seiner Frau zu den fürstlichen Verwandten nach Dresden. Ihr Kind, die 15-jährige Christiane Eberhardine, nahmen sie mit auf die Reise. So kam es zu einer ersten Begegnung Christianes mit ihrem späteren Ehemann.

Der jugendliche Friedrich August (vielleicht doch eher das Bildnis des älteren Bruders Johann Georg)

Der fast 17 Jahre alte Friedrich August gefiel ihr. Er erging sich in artigen Konversationen und bemühte sich offensichtlich darum, der hochgewachsenen Blondine mit Wort und Tat gefällig zu sein. Das junge Wesen aus Bayreuth machte ihm die Unterhaltung nicht leicht. Für sein Temperament gab sie sich sehr zurückhaltend, für ihre Jugend viel zu ernst und nachdenklich. Aber zugleich war das für August irgendwie auch reizvoll. Hinzu kam ihre imponierende Klugheit. Hübsch anzusehen war sie außerdem, und wenn sie hin und wieder einmal lächelte, gewann sie für den Wettiner zusätzlich an Liebreiz.

Christiane Eberhardine
von Brandenburg-Bayreuth

Als das Markgrafenpaar zurück nach Bayreuth reiste, verließen sie einen verliebten jungen Burschen und nahmen eine nicht minder angetane Tochter wieder mit. Die jungen Leute wechselten einige Briefchen und sandten sich gegenseitig kleine Geschenke.

Doch dann stand ein gewichtiges Ereignis vor der Tür. August hatte sich auf seine »Kavalierstour«, auf die Reise in fremde Länder, vorzubereiten. Einige Monate nach dem Besuch aus Bayreuth startete der Tross.

Erst im Mai 1689 kehrte der sächsische Prinz nach Dresden zurück. Jetzt wurde der amouröse Faden wieder aufgenommen. Ob und in welchem Umfange August von seinen Eltern dazu angeregt wurde, ist nicht bekannt. Jedenfalls ließ Kurfürst Johann Georg III. – Augusts Vater – dem Vater Christiane Eberhardines 1690 den Wunsch nach einer ehelichen Verbindung der beiden jungen Leute mitteilen. In Bayreuth erbat man sich überraschenderweise eine gewisse Bedenkzeit.

Was gab es in der kleinen hohenzollernschen Markgrafschaft zu bedenken? Zunächst einmal hatten die Eltern Christiane Eberhardines zu verarbeiten, dass dem jungen Wettiner mittlerweile nicht mehr der beste Ruf vorausging. Er galt als leichtfertig und zügellos und wohl auch schon ein wenig als Don Juan. Zum anderen musste die materielle Sicherstellung der Tochter bedacht werden. Dass Friedrich August schon in Kürze Kurfürst werden würde, zeichnete sich 1690 noch nicht ab. Es regierte sein Vater Johann Georg III. Wenn der versterben würde, käme der erstgeborene Sohn Johann Georg IV. an die Macht. Geradlinig wurde in Dresden nachgefragt, wie denn das Vermächtnis Johann Georgs III. bezüglich seines jüngeren Sprösslings aussähe. In Dresden zeigte man für die Anfrage vollstes Verständnis. Friedrich August sei mit dem repräsentativen »Herzog-Moritz-Haus« bedacht. Außerdem mit einem repräsentativen Landhaus, mit 50.000 Talern Jahres-Deputat sowie mit zusätzlich 100.000 Talern innerhalb von vier Jahren. Das klang gut, aber dennoch verhandelte man noch bis zum Sommer 1692. Erst dann erklärte man sich in Bayreuth mit der Vermählung einverstanden.

August hatte mit Ungeduld die Verhandlungen verfolgt. Als am 27. August die Zustimmung erteilt war, schrieb er der Geliebten spontan folgenden Brief:

Duchleichtigst princessin
Nachdem ich Ew. Ld. eine geraume zeit mit schreiben nicht aufgewahrtet, so kohme ich anitzo mit disen gegenwerdigen zeillen meinen gehorsamsten respect an ihnen, wehrdeste princessin, abzulegen, kahn auch nicht unberichtet lasen wie ich heitte das mir glickliche ga wohrt von dero herren vatter erlanget, welches aber nicht ohne conticion [Vorbehalt, D.N.] *gewesen, ihndem er mir seine fehrsichetung auf solche ahrt gegeben, woferne es mit Denemarck und Neiburg rickgengig wihrde, von welchen letzteren er es selber glaubte, so sohlte ich ihm dem fahl lieb seyn und mich seines wohrtes fersichert halten, nunmero bestehet es bey ihnen, werdeste princes, mich zu dero dihner zu enwehlen, indem sie durch dero constence* [Verhalten, D.N.] *wie auch bey dero frau mutter anmeisten contribuiren* [beitragen, D.N.], *enfein sie haben in ihren henden, einen gehorsamen schlafen* [Sklaven, D.N.] *glicklich und unglicklich zu machen, wehlches erste mit einem einzigen wohrte, so sie bey dero frau mutter sprechen, gehen kente, anitzo gedenke ich efter an das atahlienische liht, welches »dove sei dove dascondi«* [wo bist du, wo verbirgst du dich?, D.N.] *heiset, den[n] ich nicht glaube, das ein greserer turmen sein kahn als sich von so einer incomparabler* [unvergleichbarer, D.N.] *brintzesin entfehrnet zu sehen und noch fihl weniger soh balt hofnung hat derselben auf zu wahrten, indeßen verhofe ich das Ew. Ld. sich noch wan sie eintzige augenblicke misig sein dero knechtes erin-*

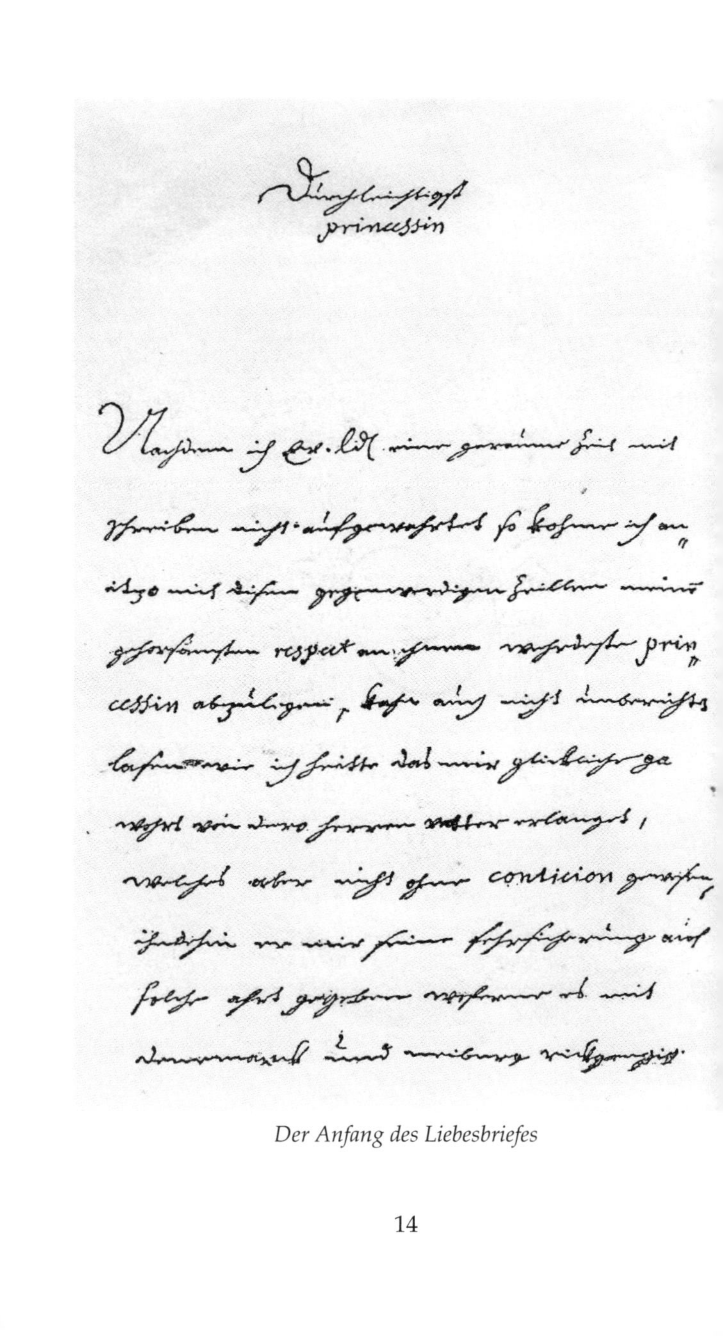

Der Anfang des Liebesbriefes

nern wehrden, welches ihm, wan er sich dessen flatiren [schmeicheln, D.N.] *darf, die greste consolation* [Trost, D.N.] *sein wihrd, indeßen empfehle ich mich der schensten princessin von der wehlt zur beharrlichen gnade der ich bies in doht verharre gedreister knecht*

Friedrich August H. [Herzog, D. N.] *von Sachsen.*

Das zierliche Brieflein versah August mit der französischsprachigen Anschrift »A Son Altesse Madame la princess christiane ebrehardine Margrave de bareit«. Dem blumigen Inhalt des Liebesbriefes drückte der Absender noch eine zusätzliche Liebeserklärung auf: Ein Siegel auf der Rückseite trug die Inschrift »une seule me lait« - eine Einzige gefällt mir.

Was die im Brief erwähnten »Denemarck« und »Neiburg« anbelangt, war dem sächsischen Prinzen nicht verborgen geblieben, dass Christianes Eltern außer August auch einen dänischen Prinzen sowie Johann Wilhelm von Pfalz-Neuburg als Ehepartner erwogen hatten. Jetzt war aber die Entscheidung gefallen, und noch kräftiger als zuvor brannte das Liebesfeuer der Tochter für den Wettiner wie umgekehrt des Sachsen für die Bayreutherin.

Am 20. Januar 1693 wurde die Vermählung gefeiert. Die liebe- und lustvollen Flitterwochen dauerten ein Vierteljahr an. Im April teilte er Ehemann seiner Gemahlin dann aber mit, jetzt müsse er aufbrechen, um an einem militärischen Handstreich teilzunehmen. Seine dänischen Verwandten kämpften um das Herzogtum Lauenburg; da wolle er helfen. Danach folgte die Teilnahme an einem zweiten militärischen Scharmützel und bald nach Weihnachten reiste er nach Venedig.

Am 11. Februar 1694 schrieb die unglückliche Ehefrau wehmütig an ihre Mutter: *Der Hertzog würd stüntlich erwartet und verlanget mich gar ser, ihm wider hir zu wißen. Er ist alle zeit gesunt geweßen. Die lustparkeiten aber zu Vernisse sollen gar Schlegt geweßen seyn, als glaube, es würd ihm wohl gereuen diese reise gethan zu haben …*

Hier irrte Christiane. August hat die Reise nicht bereut und er kam nicht kurzfristig, sondern erst im April zurück. Gut drei Wochen später verstarb sein Bruder, der Kurfürst. Nun wurde er zum Mann an der Spitze Kursachsens - die Verliebtheit in seine Ehefrau war Geschichte.

Er hätte 365 Kinder gezeugt und mit seiner eigenen Tochter geschlafen

Selbst Leute, denen der Name August der Starke ansonsten nichts weiter sagt, glauben, zumindest einen Sachverhalt ganz sicher zu wissen: Dieser irgendwann und irgendwo gelebte Mann wäre ein Supercasanova gewesen, der so viele Kinder in die Welt setzte, wie das Jahr Tage hat.

Andere, historisch ein klein wenig mehr bewanderte Zeitgenossen, publizieren mitunter die Meinung, die den Sächsinnen und Sachsen oft zugeschriebene kraftvolle Gesundheit gehe auf die vielen Nachkommen des starken Charmeurs zurück. Freilich gibt es auch die nicht minder unsinnige gegenteilige Behauptung. Erst in jüngerer Zeit war die folgende Meldung zu lesen:

Diabetes in Sachsen:
Fürstliche Erblast?
Forscher haben den vielfachen Vater August den Starken im Visier

August der Starke, der Stolz vieler Sachsen und vermutlich Vater Hunderter von Kindern, könnte mit dafür verantwortlich sein, dass es im Freistaat so viele Diabetiker gibt. Das Apothekenmagazin Diabetiker Ratgeber berichtet über eine Diskussion unter Wissenschaftlern, die vermuten, dass der Kurfürst (1670–1733) bis zu 50 Familienlinien begründet haben könnte. Last der Nachkommen: Der Urahn soll an Bluthochdruck, Diabetes und Fettstoffwechselstörungen gelitten haben.

August der Starke, um 1713

Schließlich wird sogar behauptet, der heutige ungewöhnliche Kinderreichtum mancher sächsischer Familien hänge mit den Genen Augusts des Starken zusammen. Und dann gibt es sogar die Mär, die enorme sexuelle Gier Augusts des Starken habe noch nicht einmal vor seiner eigenen Tochter haltgemacht. Das ist alles Unsinn!

Ganz gewiss war der Wettiner kein Kostverächter. Aber es macht sich doch eine gewisse Enttäuschung breit, wenn man seine Lust an erotischen Abenteuern zwar bestätigt, aber darauf hinweist, dass maximal neun gezeugte Kinder - fünf Söhne und vier Töchter - nachzuweisen sind. Auch die Zahl seiner Mätressen war überschaubar, und der angebliche Missbrauch seiner Tochter ist als Gerücht in die Welt gesetzt worden. Dennoch scheinen die falschen Behauptungen nicht auszusterben; sie sind vor gut zweieinhalb Jahrhunderten entstanden und sie werden wohl auch noch in den nächsten Jahrhunderten Bestand haben.

Das Gerücht von dem reichlichen Kindersegen wie auch von dem genannten Missbrauch geht auf Wilhelmine Friederike Sophie von Brandenburg-Bayreuth zurück, die ältere Schwester Friedrichs des Großen von Preußen. 1747 verfasste die damals Achtunddreißigjährige ihre Memoiren und meditierte darin auch über den sächsischen Kurfürsten. Friedrich August I. kam dabei in jedweder Hinsicht nicht gut weg. Es ist zu fragen, warum Wilhelmine ihre Erinnerungen mit manchem üblen Urteil über den Wettiner verband?

Um den Ursachen der Bösartigkeiten auf die Spur zu kommen, begeben wir uns in das Jahr 1728. Am 15. Januar wurde Wilhelmines Vater, der preußische König Friedrich Wilhelm I., in der sächsischen Residenzstadt Dresden zu einem Staatbesuch empfangen. Es gab Mancherlei höchstoffiziell zu besprechen, denn die Beziehungen zwischen Preußen und Sachsen hatten sich in den letzten Jahren deutlich verschlechtert. Doch nicht nur das strenge politische Geschäft stand auf dem vierwöchigen Programm, sondern auch der vorher sorgfältig geplante Besuch kultureller Einrichtungen, ebenso viele Jagden und prächtige Hoffeste.

König Friedrich Wilhelm I. von Preußen
(1688, reg. 1713–1740)

Dabei näherten sich die beiden Monarchen immer mehr an und es blieb nicht aus, dass sie auch kräftig miteinander zechten. Bei einem dieser Zechgelage entstand die witzige Idee, eine »Société des antisobres«, eine »Gesellschaft zur Bekämpfung der Nüchternheit« zu gründen. Gedacht, gesagt, getan! Zu der etablierten Säuferrunde gehörten außer den beiden Potentaten die jeweiligen Gesandten - der Preuße Friedrich Wilhelm von Grumbkow und der Sachse Ernst Christoph von Manteuffel –; der kaiserliche Gesandte in Potsdam, Freiherr von Seckendorff, gesellte sich ein wenig später hinzu.

Friedrich Wilhelm von Grumbkow (1678–1739)

Ernst Christoph von Manteuffel (1676–1749)

Irgendwann während eines feuchtfröhlichen Société-Abends wird Friedrich Wilhelm von seiner 18-jährigen Tochter Wilhelmine erzählt und den Gedanken aufgebracht haben, es könnte doch nützlich sein, wenn sich der sächsische Herrscher mit ihr vermähle. Augusts Ehefrau Christiane Eberhardine war vor einem Jahr verstorben; eine Heirat erschien also durchaus im Bereich des Möglichen. Dem Sachsen gefiel der Gedanke. Im Mai würde er sein 58. Lebensjahr vollenden, da würde eine junge Frau doch recht erfrischend wirken. Warum also sollte man nicht über die Sache reden?

Auch wenn das Mädchen für August wie ein Jungbrunnen wirken könne, müsse man sicherheitshalber dennoch über ein Witwengeld reden, äußerte Wilhelm. August erwiderte, er könne sich 200.000 Taler vorstellen. Immer weinseliger werdend verständigten

Wilhelmine Friederike Sophie von Brandenburg-Bayreuth (1709–1758)

sich die beiden Herren über weitere geschäftliche Randbedingungen. Als man sich schließlich torkelnd voneinander verabschiedete, war vereinbart, alsbald das Töchterchen zu besichtigen.

Vier Monate später reiste der Sachse zu dem Preußenkönig. Wilhelm hatte im Januar seinen Sohn Friedrich (den späteren Großen) mit nach Dresden gebracht. August erschien nun auch mit seinem Sohn Friedrich August sowie mit den Töchtern Maria Aurora von Rutowska und Anna Katherina Orzelska.

Bald nach dem Eintreffen der Gäste kam es zum ersten persönlichen Kontakt zwischen der jungen Prinzessin Wilhelmine und dem sächsischen Kurfürsten und polnischen König. Gefunkt hat es aber offensichtlich nicht. Auch wenn sich Wilhelmine wohl nicht sonderlich danach gesehnt haben mag, dass ihr der mehr als dreimal so alte Sachse einen Heiratsantrag macht, hat sie dessen unerwartete Zurückhaltung ziemlich geärgert.

In ihren knapp 20 Jahre später verfassten Memoiren ist die Begegnung zwischen den Beiden geschildert worden. Zu dem Frust, damals keinen Antrag bekommen zu haben, gesellten sich die bedrückenden Erzählungen und Erlebnisse in ihrer jetzigen Heimat Bayreuth. 1731 hatte Friedrich von Brandenburg-Bayreuth die Preußin geheiratet. Hier am Hofe wurde oft über den sächsischen Kurfürsten gesprochen, der vor Jahrzehnten die aus der markgräflichen Familie stammende Christiane Eberhardine ehelichte und ob seiner rücksichtslosen Affären in der Markgrafschaft keinen guten Ruf hatte. Zu dieser von den entsprechenden Erzählungen geprägten Grundsituation kamen die aktuellen Erlebnisse zu jenem Zeitpunkt, als Wilhelmine ihre Lebenserinnerungen zu Papier brachte. Da war zum einen der Sachverhalt, dass sich Wilhelmines Ehemann mit einer Mätresse namens Wilhelmine Dorothea von der Marwitz in aller Öffentlichkeit vergnügte – und die Marwitz war dazu noch die Erste Hofdame seiner Ehefrau. Schließlich steigerte sich der Zorn Wilhelmines auf die untreue Männerwelt zum anderen noch dadurch, dass ihre noch in der Hochzeitsnacht

Gräfin Anna Katherina Orzelska (1707–1769), die Tochter Augusts aus der Affäre mit Henriette Rénard

gezeugte einzige Tochter einen ausgemachten Casanova ehelichte: Herzog Karl Eugen von Württemberg.

Vor den geschilderten Hintergründen mag es nicht verwundern, dass die enttäuschte und mittlerweile auch schon kränkliche Wilhelmine an August dem Starken kein gutes Haar ließ und ihm Kinder so viel wie Tage im Jahr andichtete. Und da sie einmal dabei war, in ihren Erinnerungen den Frust abzuladen, gab es gleich noch ein paar böse Bemerkungen zur Orzelska. Ihr geliebter Bruder hatte der Gräfin in Dresden und dann auch in Berlin und Potsdam den Hof gemacht – das gefiel Wilhelmine nicht. Also schrieb sie über die junge Frau, sie trage zwar »herrlichen Schmuck«, aber den habe ihr der Vater pietätlos von seiner verstorbenen Gemahlin Christiane Eberhardine geschenkt. Im Übrigen sei die Orzelska die »natürliche Tochter und zugleich Mätresse des Königs« und außerdem noch die Geliebte des Grafen Rutowski!

Diese Behauptungen fraßen sich fest. August war beim Erscheinen der Memoiren schon längst nicht mehr am Leben und konnte sich nicht wehren. Ob er freilich die Sache als wirklich wichtig und korrekturbedürftig angesehen hätte, dürfte fraglich sein.

Er habe sich nicht um seine Kinder gekümmert

Aus der Ehe Augusts des Starken mit Christiane Eberhardine von Brandenburg-Bayreuth ist ein einziges Kind hervorgegangen. Vor, während und nach der Schwangerschaft seiner Gemahlin vergnügte er sich mit diversen Mätressen. Die Affären führten zu acht Kindern, geboren von fünf verschiedenen Müttern. Heutzutage kommt es in gewissen Kreisen zwar schon einmal vor, dass ein Mann mit mehreren Frauen etliche Kinder hat. Allerdings ist das meist an Ehen gebunden, wenn auch nur an sehr kurzzeitige. Die amourösen und Scheidungsvorgänge sind ein beliebtes Thema der Boulevardpresse. Häufig geht es dann darum, dass von dem Streit über den Unterhalt berichtet wird. Dass sich in unserer Zeit ein Unverheirateter mit aller Selbstverständlichkeit um acht außereheliche, mit fünf verschiedenen Damen gezeugte Kinder kümmert – und dazu noch um eins aus der Ehe – ist schlechthin nicht vorstellbar. Deshalb behaupten wohl auch nicht wenige Zeitgenossen, August habe zwar jede Menge Kinder in die Welt gesetzt, sich dann aber nicht um deren Schicksal gekümmert.

Das Gegenteil ist der Fall. Das Wort »kümmern« ist viel zu schwach, um das umsichtige und sorgfältige Protegieren auszudrücken, das August ausnahmslos bei allen seinen Kindern an den Tag legte. Nach der zeitlichen Reihenfolge der Geburten soll von der Fürsorge erzählt werden.

Im dritten Jahr nach der Vermählung und bangem Warten konnte Ehefrau Christiane Eberhardine ihrem

Gatten mitteilen, endlich wäre sie nun schwanger. Am 17. Oktober 1696 kam das Kind zur Welt. Es war ein Junge und damit stand fest, dass der Sohn dermal einst seinen Vater als Kurfürst ersetzten würde. Freudig wurde er auf denselben Namen wie der Vater getauft – Friedrich August. Großen Wert legte der Wettiner darauf, dass sich nicht nur die Mutter des Neugeborenen um dessen Betreuung kümmerte, sondern auch die Großmutter Anna Sophie. Unter ihrer Regie wurden dann schon dem Kleinkind neben Religion und musischen Fächern verschiedene Fremdsprachen, Geschichte und Naturwissenschaften gelehrt. Ab dem sechsten Lebensjahr übertrug August die Erziehung und Bildung einem außerordentlich erfahrenen und angesehenen Mann, dem aus einem der vornehmsten und ältesten Adelsgeschlechter Sachsens stammenden Alexander von Miltitz. Als Hof- und sogar Oberhofmeister war der zuvor schon am Hessisch-Darmstädter Fürstenhaus erzieherisch tätig. In Sachsen zeichnete Miltitz für die Inspektion der Fürstenschule in Meißen verantwortlich und hatte auch dabei hervorragende pädagogische Fähigkeiten bewiesen.

Frühzeitig führt August der Starke seinen Sohn der Jagd zu; knapp vor seinem neunten Geburtstag brachte der Sprössling seinen ersten Hirsch zur Strecke. 1711 musste der Fünfzehnjährige auf Geheiß des Vaters die »Kavalierstour« antreten, um sich einen Teil des Rüstzeugs für sein späteres Herrscheramt zuzulegen. Und schließlich kümmert sich August auch um die standesgemäße Vermählung des Kurprinzen. Die Hochzeit im September 1719 mit Maria Josepha, der Tochter Kaiser Karls VI., gestaltete er zielstrebig zu einem Ereignis von europäischem Rang. Als August der Starke am 1. Februar

Der eheliche Sohn Friedrich August (1696–1763)

1733 verstarb, konnte er die Überzeugung mit ins Grab nehmen, dem ehelichen Sohn den Weg als seinen Nachfolger nach bestem Wissen und Gewissen geebnet zu haben.

Nur elf Tage nach der Geburt des Kurprinzen kam in Goslar ein unehelicher Sohn auf die Welt. Seine

Moritz, Graf von Sachsen (1696–1750)

Mutter war Maria Aurora von Königsmarck. Seit 1694 hatte die bildschöne Frau am Dresdner Hof geweilt; sie galt als erste offizielle Mätresse des Kurfürsten. Bald nach der Geburt beauftragte August den sächsischen General Graf Johann Matthias von der Schulenburg, sich des auf den Namen Moritz getauften Jungen anzunehmen. Der von der Mutter ausgewählte Name kam übrigens nicht zufällig zustande – das Schloss Moritzburg war nach ihrem Kalender jener Ort, wo sich der entscheidende Akt der Zeugung abgespielt hatte. Der Kurfürst legitimierte Moritz 1711 als seinen Sohn und verlieh ihm den Titel Graf von Sachsen; später sorgte er für eine militärische Ausbildung in Frankreich. In französischen Diensten wirkte Moritz so erfolgreich, dass ihm König Louis XV. Schloss Chambord schenkte und ihn in den Rang eines Marschalls erhob. »Das Leben ist ein kurzer, schöner Traum«, soll er gesagt haben, bevor er am 30. November 1750 starb und auf dem Gelände seines Schlosses zur Ruhe gebettet wurde.

Im Jahr 1697 hatte August mit einer aus der Türkei stammenden Schönheit angebändelt. Die junge Frau – sowohl Fatima als auch Maria Aurora genannt – hatte der Monarch der Einfachheit halber um 1700 mit seinem Kammerdiener Johann Georg Spiegel verheiratet. 1702 gebar die Mätresse einen Sohn, den sie nach dem Vater nannte – Friedrich August. Von Anfang an sorgte sich der Landesherr um den Jungen; selbstverständlich veranlasste er eine militärische Laufbahn. 1722 gab er ihm den Namen Rutowski und zwei Jahre darauf das Grafendiplom. Graf Friedrich August Rutowski war ein Meister im Schuldenmachen. Als er im fernen Turin mit 24.000 Gulden in der Kreide stand, beglich der fürsorgliche

Friedrich August Rutowski (1702–1764)

Vater die Summe. Der Graf brachte es bis zum Rang eines Generalfeldmarschalls. Als er 1764 verstarb, hinterließ er erneut einen gewaltigen Schuldenberg. Der hilfsbereite Vater war freilich längst tot; Rutowskis Halbbruder Kurfürst Friedrich August II. sah keinerlei Notwendigkeit, für die Schulden einzustehen.

Die Mätresse Ursula Catherina von Lubomirska wurde die Mutter eines weiteren Sohnes. Für die mit einem polnischen Kronmarschall verheiratete

Johann Georg de Saxe (1704–1774)

Dame setzte August beim Kaiser durch, dass sich die Lubomirska Fürstin von Teschen nennen durfte. Als im Sommer 1704 das gemeinsame Kind zur Welt kam, wünschte August, es auf den Namen seines Großvaters Johann Georg zu taufen. Man entschied, den Jungen für den Orden der Malteser erziehen zu lassen. Als Vierzehnjähriger wurde er von August mit einer reichlichen Apanage ausgestattet und auf Reisen geschickt. Einige Jahre später - 1724 - hatte sein Vater beim Papst bewirkt, dass Johann George de Saxe das Großkreuz des Malteserordens empfing.

Danach wurde er in eine militärische Laufbahn lanciert, die bis zu seiner Ernennung als Oberkommandierender der sächsischen Armee führte. Johann Georg verstarb an »Gelb- und Wassersucht« am 25. Februar 1774. Von allen Söhnen Augusts ist er mit gut 69 Jahren am ältesten geworden.

1706 bekam Fatimas Sohn Friedrich August ein Schwesterchen, dem man den Vornamen seiner Mutter gab. Die kleine Maria Aurora Rutowska war unzweifelhaft von August dem Starken gezeugt worden. Der bestritt das nicht und kümmerte sich mit dem gleichen Elan wie bei allen anderen bisher von ihm in die Welt gesetzten Kindern um einen guten Lebensweg für sein Mädchen. Vorerst protegierte er Fatimas Ehemann Johann Georg Spiegel weiter. Schon längst war der nicht mehr nur Kammerdiener, sondern zum Oberintendanten der Königlichen Domänen in Polen gemacht worden. Jetzt hatte er für August als polnischen König verschiedene diplomatische Missionen zu erfüllen. Dafür gab es ein gutes Salär, und derart war eine gute materielle Grundlage für das heranwachsende Kind gegeben.

Als Maria Aurora 18 Jahre alt geworden war, erhob sie der Landesherr in den Stand einer Gräfin. Zugleich sah er sich nach einem Partner für eine standesgemäße Vermählung um. Der fand sich in der Person des Kron-Oberschenken Graf Michael Bielinski. 1724 richtete August der Starke eine spektakuläre Hochzeit aus. Leider hielt die Ehe nicht lange; nach dem Tod ihres Gönners 1733 kam es zur Scheidung. Mit dem neuen Ehemann, dem savoyischen Granden Claude Maria de Bellegarde, fand Maria Aurora das ersehnte Glück, doch schon im 40. Lebensjahr verstarb sie.

Gräfin Maria Aurora Bielinska,
geborene Rutowska (1706–1746)

Am 23. November 1707 wird August der Starke zum zweiten Mal Vater einer Tochter. Anna Katherina – so der Name des Mädchens – ist die Folge einer sehr kurzen Liaison in der Messestadt Leipzig. Die Herkunft der Mutter Henriette wird unterschiedlich angegeben. Zuweilen wird sie als französische Tänzerin bezeichnet, mitunter als Tochter eines Weinhändlers aus Warschau. Selbst ihr Familienname ist nicht eindeutig; mal lautet er Rénard, mal Drian, mal Duval. Ausgerechnet diese Tochter, über deren Kindheit und frühe Jugend kaum etwas bekannt ist, wird zum Lieblingskind des Vaters.

Zwei Monate vor ihrem 17. Geburtstag gab ihr August den Titel Gräfin Orzelska. Knapp zwei Jahre später, am 26. Juli 1726, schenkte er ihr das Blaue Palais in Warschau. Keines seiner anderen außerehelichen Kinder bekam ein eigenes Schloss geschenkt.

Das Blaue Palais in Warschau. Gemälde von Bernardo Bellotto, genannt Canaletto (1721–1788)

Ein prächtiger Ball anlässlich dieser Schenkung am Namenstag seiner Tochter unterstrich öffentlichkeitswirksam das Ereignis.

Als die Kurfürstin Christiane Eberhardine im Jahr 1727 starb, hinterließ sie einen außerordentlich kostbaren Diamantschmuck. Den übereignete der Kurfürst nicht der Frau seines ehelichen Sohnes, sondern übergab ihn an Anna Katherina.

Natürlich wählte er auch den Ehemann aus – Herzog Carl-Ludwig von Holstein-Beck. Mit Pauken und Trompeten wurde die Vermählung im Dresdner Schloss gefeiert. Aber auch diese Ehe ging nach Augusts Tod in die Brüche. Anna Katherina Orzelska verstarb 1769.

Die bekannteste Mätresse Augusts des Starken war die Gräfin Cosel. Nach der Geburt eines toten Kindes wurde sie Mutter von zwei Mädchen und einem Jungen, die August ohne Wenn und Aber allesamt als von ihm gezeugte Kinder legitimierte.

Augusta Constantia von Cosel kam am 24. Februar 1708 zur Welt. Für die Erziehung sorgte die erfahrene Baronin von Löwendahl. August verheiratete seine Tochter 1725 mit Heinrich Friedrich Graf von Friesen und gab ihr 100.000 Taler mit auf den Weg in die Ehe. Anlässlich der Hochzeit führte er übrigens alle seine acht außerehelichen Kinder zu einem Familienfest zusammen, was sicher zu den heute nur noch schwer vorstellbaren Dingen gehört. Die junge Ehefrau starb bereits mit knapp 20 Jahren am 3. Februar 1728 an den Pocken.

Das zweite Mädchen, Friederike Alexandrine von Cosel, wurde am 24. Oktober 1709 geboren. Noch

Augusta Constantia von Cosel (1708–1728)

am Tag der Geburt lässt August sie als »legitimiertes Königliches und Churfürstliches Kind und ehrlich geborene Gräfin« erklären. Als Ehemann wählte ihr Vater den Großschatzmeister der polnischen Krone Johann Xantius Anton Graf Moszynski aus. Während der Hochzeitsfeierlichkeiten in Dresden bekam sie wie schon ihre Schwester 100.000 Taler überreicht. Friederike wurde 75 Jahre alt; sie verstarb am 16. Dezember 1784.

Friederike Alexandrine von Cosel (1709–1784)

Der mit der Gräfin Cosel gezeugte Sohn Friedrich August wurde zu einem Zeitpunkt geboren, zu dem sich die Affäre ihrem Ende zuneigte - am 17. Oktober 1712, dem 30. Geburtstag seiner Mutter. Dennoch nahm sich August seiner an.

Der Graf brachte es im sächsischen Dienst bis zum General der Kavallerie. Zwei Tage vor seinem 58. Geburtstag endete sein Leben.

Friedrich August von Cosel (1712–1770)

Kurfürst und König, Marschall von Frankreich, General, Generalfeldmarschall und Oberkommandierender der sächsischen Armee, vermählt mit Herren des Hochadels …

Man irrt sich gewaltig, wenn man meint, August der Starke habe sich nicht um das Schicksal seiner Kinder gekümmert!

Er hätte die Cosel im Ergebnis einer Wette kennengelernt

Fast ein halbes Jahrhundert lang - exakt vom 24. Dezember 1716 bis zu ihrem Tod am 31. März 1765 - war Anna Constantia von Cosel auf der Burg Stolpen inhaftiert. Dieses Schicksal und die herausragende Schönheit der intelligenten Frau haben dazu geführt, dass diese Mätresse Augusts des Starken bis heute die bekannteste ist. 1735, zwei Jahre nach

Gräfin Anna Constantia von Cosel (1680–1765)

dem Ableben des Sachsen, erschien ein vielgefragtes Buch mit dem Titel »Das galante Sachsen«. Autor des Werkes war Freiherr Karl Ludwig von Pöllnitz. Der 1692 geborene Kammerjunker wird in der einschlägigen Literatur als Abenteurer bezeichnet, der Zeit seines Lebens häufig verschuldet war. Abenteuerlich ist auch der Inhalt des Textes, mit dem er in dem genannten Buch erzählt, wie die Bekanntschaft zwischen der Cosel und August begann.

Ausgangspunkt sei eine der Herrengesellschaften gewesen, die der Kurfürst häufig um sich herum geschart habe. *In einer von diesen Gesellschaften,* so Pöllnitz, *da lauter Manns-Personen beysammen waren, ſiele einmal ein Gespräch von Maitressen vor. Ein jeder erhub die seinige, und erzehlte Wunder von ihr. Der Herr von Hoymb, ein Cabinetts-Minister und Geheimder Rath, der sich mit in dieser Gesellschaft befand, sagte, er hätte gar keine Maitresse; wohl aber eine Gemahlin, die er so zärtlich als eine Maitresse liebte, und welche hundertmal schöner wäre, als alle diejenige, von denen man hier soviel Aufhebens gemacht hätte. Weil ihm der Wein den Kopf hitzig gemacht hatte, machte er von seiner Gemahlin eine so umständliche Abschilderung, als der beste Mahler nicht vermacht haben würde.*

Der König, der wohl wuste, daß er blos aus Eifersucht seine Gemahlin das land hüten ließ, sagte zum, er könte gar nicht glauben, daß alles wahr wäre, was er hier erzehlt habe; er rede hier als ein Mann, der, weil er erst drey Jahre im Ehestand lebete, noch in seine Gemahlin verliebt wäre, und wenn die Madame von Hoym so schön und so vollkommen wäre, als wie er sage, würde sie unfehlbar mehr Aufsehen in der Welt gemacht haben.

Der Fürst von Fürstenberg behauptete ebendieses, und fügte noch hinzu, er wolle tausend Dukaten darauf verwetten, daß die Madame von Hoym, wenn sie am Hofe erschiene, nicht also befunden werden würde, wie sie ihr Gemahl beschrieben hätte.

Der Herr von Hoymb gieng die Wette ein, und der König erbot sich, den Ausschlag zu geben. Man nöthigte demnach den von Hoym an seine Gemahlin zu schreiben, daß sie sich ohne Verzug nach Dresden verfügen solle.

Schleunigst habe nunmehr der geldgierige Hoym seine Frau mittels eines Kuriers benachrichtigt. Schon am Tag darauf wäre Anna Constantia von Hoym - die spätere Gräfin Cosel - wie angeordnet erschienen. Sofort hätte sich der Landesherr in die Schöne verliebt und ihre blendende Karriere als Mätresse habe begonnen.

Nicht nur manche Literaten, sondern sogar Filmemacher unserer Zeit greifen diese Mär auf und präsentieren sie als Realität. In Wirklichkeit war alles ganz anders.

Im Sommer 1703 heiratete Adolph Magnus von Hoym die auf dem Gut Depenau in Holstein geborene Anna Constantia von Brockdorff. Hoym war als Direktor des General-Akzisekollegiums eine wichtige Persönlichkeit am Dresdner Hof. Insofern gehörte er zu den selbstverständlich geladenen Gästen, wenn Seine Majestät einen Hofball oder ähnliches ausrichten ließ. Schon im Jahr ihrer Vermählung genoss sie die Ehre, mit ihrem Mann zu einem Essen eingeladen zu werden. Gastgeberin war Augusts Ehefrau Christiane Eberhardine. Der Kurfürst nahm bei dieser Gelegenheit allerdings kaum Notiz von Frau Hoym. Es verging mehr als ein Jahr bis zu einer weiteren Begegnung, vor allem deshalb, weil August überwiegend in Polen weilte.

Für den 7. Dezember 1704 war das Ehepaar Hoym zu einem prächtigen Fest in das Dresdner Schloss

Adolph Magnus von Hoym

eingeladen worden. Anna Constantia bereitete sich in ihrem Domizil in der Kreuzgasse voller Vorfreude darauf vor. Sie hatte schon das Ballkleid an, als beißender Brandgeruch in ihr Zimmer strömte. Im Haus war Feuer ausgebrochen, das sich in Windeseile auf andere Gebäude ausbreitete. In der Kreuzgasse entstand Panik; eine gezielte Feuerbekämpfung schien unmöglich zu sein. Da übernahm die junge Frau Hoym das Kommando. Entschlossen und zielgerichtet brachte sie Ordnung in die hektischen Aktivitäten. Durch das bedachte Vorgehen konnte zwar nicht mehr verhindert werden, dass größerer Schaden entstand, aber die Kreuzgasse und vielleicht sogar die gesamte Altstadt wurden vor einer Katastrophe bewahrt.

August der Starke war vor dem Beginn des Balls mit der Kutsche unterwegs. Von dem Rauch des Feuers alarmiert, ließ er das Gespann in Richtung des Feuerherdes lenken. Inmitten des sich allmählich ordnenden Wirrwarrs sah er eine junge Frau in einem kostbaren Ballkleid, die mit energischer Stimme die Brandbekämpfung lenkte. Nicht nur die klugen Anweisungen, sondern auch die ungewöhnliche Schönheit der Dame beeindruckten den Sachsen in dieser Situation derart, dass er mit ihr Bekanntschaft schließen wollte. Er drängt zu ihr hin. Inzwischen hatten einige entschlossene Männer das Kommando übernommen. August bat die erschöpfte junge Frau in seine Kutsche und rollte mit ihr davon.

Wir wissen nicht, welche Gespräche in der Staatskarosse geführt worden sind. Belegt ist, dass das Wohnhaus der Hoyms dem Brand vollständig zum Opfer fiel und August sich erbot, zu helfen. Sicher ist ebenfalls, dass schon kurze Zeit nach dem Ereignis zwei Herren bei Madame Hoym vorstellig wurden und ihr namens des Königs ein Angebot unterbreiteten. Die beiden Männer waren hochgestellte Persönlichkeiten und das Angebot nicht alltäglich. Anton Egon Fürst von Fürstenberg, der eine der Beiden, war Augusts Statthalter in Sachsen. Der andere, der Kammerpage Friedrich Vitzthum von Eckstädt, galt als engster Vertrauter des Königs. Das von Fürstenberg und Vitzthum überbrachte Angebot war an Geradlinigkeit nicht zu überbieten: Seine Majestät trage der verehrten Madame Hoym an, seine Mätresse zu werden.

Anna Constantia lehnte entrüstet ab. August ließ sich dadurch nicht entmutigen und warb mit reichlichen Geschenken weiterhin um sie. Gut einhundert Tage später erlag Anna Constantia von Hoym seinen Angeboten. Seit dem Herbst 1705 durfte sie sich Gräfin Cosel nennen; es wurde ein Vertrag abgeschlossen, der ihre Zukunft sichern sollte und der ihr unter anderem ein jährliches Salär von 100.000 Talern zusicherte. Kurze Zeit darauf wurde die Ehe mit Graf Hoym geschieden - Anna Constantia blickte als offizielle Mätresse Augusts des Starken voll glücklicher Zuversicht auf die kommenden Jahre und Jahrzehnte. Es wurden tatsächlich einige gute Jahre; hinsichtlich der erwarteten guten Jahrzehnte hatte sie sich gewaltig geirrt.

Er wäre König von Sachsen und nicht gläubig gewesen

August der Starke, »der König von Sachsen«. Recht häufig hört und liest man diesen Satz, dessen Aussage falsch ist. 1694 wurde der Wettiner Kurfürst von Sachsen. Erst im 19. Jahrhundert erhob Napoleon Bonaparte das Kurfürstentum Sachsen zum Königreich. Wenn allerdings von August als »Kurfürst/König« oder auch nur von »König« gesprochen wird, muss das nicht zwingend falsch sein, denn ab 1697 war der Herrscher nicht nur sächsischer Kurfürst, sondern auch polnischer König.

Mit dem Erwerb der polnischen Königskrone hängt auch die irrige Meinung zusammen, August sei ganz offensichtlich unreligiös, nicht gottesgläubig gewesen.

Wie sind diese unrichtigen Auffassungen entstanden? Und warum spielte in der Lebensgeschichte des Wettiners die Religiosität eine so große Rolle, dass sie heute noch erörtert und oft unrichtig dargestellt wird?

Alles begann wohl im Sommer 1683. Damals standen etwa 100.000 türkische Krieger vor den Toren Wiens. Kaiser Leopold I. rief in dieser prekären Situation zur Bildung eines Heeres auf, um die Türken zu schlagen. Die Streitmacht sollte unter dem Oberbefehl des polnischen Königs Jan III. Sobieski stehen. Dem Aufruf folgte auch der Vater Augusts des Starken, Johann Georg III. Bei dem gemeinsamen, erfolgreichen Kampf gegen die Invasoren freundeten sich der Sachse und der Pole an. Während des Miteinanders der beiden Herrscher wird man auch über die unterschiedlichen Regelungen hinsichtlich der Nachfolger gesprochen haben. In Sachsen gab es die Primogenitur, das Erbfolgerecht des Erstgeborenen auf das Herrscheramt. Hingegen wurde in der polnischen Adelsrepublik der jeweilige Thronfolger gewählt; 1573 war beschlossen worden, dass das Wahlrecht jedem Edelmann zustand. Gemäß der Primogenitur würde Nachfolger Johann Georgs III., als Kurfürst dessen ältester Sohn werden; für den danach geborenen Friedrich August – also August den Starken – war diesbezüglich die Zukunft ungewiss. Irgendwann wird Augusts Vater überlegt haben: Wäre die Bewerbung des jüngeren Sohnes um den polnischen Thron nicht eine Chance, die zum gegebenen Zeitpunkt genutzt werden sollte?

Möglicherweise haben die beiden Herrscher darüber gesprochen, und vielleicht hat auch Johann Georg III. seinem halbwüchsigen Sohn davon erzählt. Durch den frühzeitigen Tod seines zwei Jahre älteren Bruders wurde er wider Erwarten doch Kurfürst, aber der Traum von einer Königskrone war längst geweckt worden.

Im Juni 1696 verstarb der polnische König. Umgehend stand eine Reihe von Kandidaten für die Wahl zum Nachfolger bereit. König Ludwig XIV. von Frankreich entbot Prinz Conti, der brandenburgische Kurfürst Friedrich III. ermunterte den badischen Markgrafen Ludwig Wilhelm zur Wahl und natürlich hatte auch Sobieskis Witwe den Wunsch, dass sich einer ihrer drei Söhne einbringen sollte. Selbst ihren Schwiegersohn, Kurfürst Max Emanuel von Bayern, animierte sie zur Kandidatur.

Graf Jacob Heinrich von Flemming (1667–1728)

Auch August wollte jetzt aktiv werden. Im sächsischen Heer gab es den Oberst Jacob Heinrich von Flemming, dessen Familie in Pommern zuhause war, der vorzügliche Kontakte nach Polen hatte und der die Verhältnisse beim polnischen Adel bestens kannte. Höchstvertraulich beriet der Wettiner mit Flemming die günstigste Strategie. Der Polenkenner gab ihm drei Ratschläge. Zum einen riet er, erst kurz vor dem Wahlende in den Ring zu treten, und zum anderen solle er eine Menge Geld locker machen, um damit die adligen Wahlmänner günstig zu stimmen. Zum Dritten aber müsse er unbedingt zuvor zum katholischen Glauben konvertieren; ein protestantischer Bewerber könne noch so viel Taler zur Bestechung ausgeben, im katholischen Polen könne er zwangsläufig dennoch nicht zum König gewählt werden.

Alle drei Ratschläge beherzigte der Sachse. So schwierig es war, viel Geld aufzutreiben, schien das doch einfach im Vergleich zum notwendigen Glaubenswechsel. Nicht die Verfahrenstechnik stellte für August das Problem dar, sondern die Antwort auf die bange Frage, wie wohl seine protestantischen Sachsen darauf reagieren würden. Seine Religiosität an sich war für die ihn umgebenden und ihn damit gut kennenden Personen nicht in Frage gestellt. Selbst der nicht unbedingt wohlwollende preußische König Friedrich Wilhelm I. äußerte sich über den Sachsen, er empfinde *ihn, was die Religion anbelangt, sehr equitable* [ausgewogen, D.N.] *und habe mich seines sentiments* [Gefühl, D.N.] *in diesem stück sehr charmirt* [amüsiert, D.N.]. Aber wie sollte August seinen vielen sächsischen Untertanen verdeutlichen, dass er trotz der Konversion festen christlichen Glaubens war?

Zunächst einmal mussten jetzt aber rasch die Formalitäten erledigt werden. Im Sommer 1697 besuchte August einen erfahrenen Zeitgenossen, Herzog Christian August von Sachsen-Zeitz, Sohn des Sekundogeniturfürsten Moritz. Der Herzog war schon 1689 konvertiert und bereits sieben Jahre darauf vom Kaiser zum Bischof von Raab berufen worden. Der Geistliche, der aus einer albertinischen Nebenlinie der Wettiner stammte, ließ sich von dem Besucher überzeugen. Er stellte nicht nur ein entsprechendes Dokument über den Religionswechsel aus, sondern ging auf den Wunsch des Kandidaten ein, das Schriftstück vorerst nicht zu datieren. Mit der Unterschrift und dem Siegel des Bischofs war formell der Übertritt zum katholischen Glauben vollzogen - die letzte entscheidende Etappe des Wahlkampfes konnte beginnen.

Alles klappte bestens. Noch im Juli 1697 konnte Kurfürst Friedrich August I. von Sachsen - unser August der Starke - stolz verkünden, dass er zum König von Polen gewählt worden war. Am 15. September 1697 wurde ihm im Dom des Wawels zu Krakau die Königskrone der Jagellonen auf das Haupt gesetzt. Der Wettiner nannte sich als polnischer König fortan August II. Da sich nach Augusts Tod auch sein Sohn erfolgreich um die Krone bewarb, sind das protestantische Sachsen und das katholische Polen ein halbes Jahrhundert lang durch ein gemeinsames Herrscherhaus verknüpft gewesen.

Nach der Königswahl war die Erregung unter den evangelischen Christen in Sachsen enorm. Würde wohl der jetzt plötzlich katholische Landesherr tolerieren, dass der Protestantismus unter der Bevölkerung weiterhin bestand? Er tolerierte ohne Wenn und Aber und setzte sich sogar dafür ein, dass Jahre später mit dem ersten monumentalen protestantischen Kirchenbau begonnen wurde - mit der Errichtung der Dresdner Frauenkirche.

Das Königreich Sachsen entstand im Dezember 1806; der damalige Kurfürst Friedrich August III. durfte sich fortan König Friedrich August I. nennen.

August im Krönungsornat

Sein großer Vorfahre August der Starke war 73 Jahre zuvor verstorben - nicht als sächsischer König, aber fest und unerschütterlich im christlichen Glauben.

Er sei ein Kulturbanause gewesen

Unter diesem Titel »August der Starke. Leben und Lieben im deutschen Barock« erschien 1981 in einem Münchener Verlag ein Buch über den Wettiner. Der Autor beschreibt darin den Herrscher mit den »zahlreichen Kindern« als den »großen Wüstling des Barockzeitalters«, als »Lustkoloss«, als »stiergewordenen Kraftmeier« und als »Kraftprotz im Bett«, der ein »skandalöses« Leben geführt habe. Mit diesem Vokabular verbindet sich häufig die schablonenhafte Meinung, nennenswerte Leistungen nützlicher Art wären von der Person des Sachsen nicht ausgegangen. Schon gar nicht habe er für Kunst und Kultur etwas übrig gehabt. Bestenfalls wird eingeräumt, dass wenigstens seine zahlreichen Hoffeste prächtig waren. Ansonsten aber sei er - so die weitere allgemeine Auffassung - von dumpfer kultureller Mentalität, unambitioniert für die schönen Künste gewesen. Eine solche Meinung ist absolut falsch.

August der Starke war einer der kunstsinnigsten Wettiner überhaupt. Dass Dresden als kursächsische Residenzstadt wegen seiner Pracht und der hier präsentierten Kunstschätze den Beinamen »Elbflorenz« bekam, ist im Wesentlichen ihm zu verdanken. Dutzende Baumeister, Bildhauer, Goldschmiede, Maler, Musiker und andere Künstler wirkten unter seiner Herrschaft. Wenigstens einige davon sollen hier genannt werden.

Matthäus Daniel Pöppelmann (1662–1736)

Matthäus Daniel Pöppelmann konnte sein geniales Talent unter dem Wettiner entfalten. Natürlich ist sein Zwinger an die Spitze der aufzuzählenden Denkmale zu stellen. Verwiesen werden muss aber auch auf das von Pöppelmann entworfene Taschenbergpalais, auf das Opernhaus - mit 2000 Plätzen seinerzeit das größte in deutschen Landen –, auf die Anlage der Königstraße in der Neustadt, auf die beeindruckend gestaltete Augustusbrücke und auf manches andere noch. Das Dresdner Schloss bekam nach einem verheerenden Brand von 1701 ein neues Gesicht; übrigens auch das in Warschau. Aber auch außerhalb der Residenzstadt sind in Sachsen auf Veranlassung Augusts des Starken zahlreiche Schlösser zu neuer Pracht entwickelt worden. Erinnert sei an das Jagdschloss Moritzburg, an das Lustschloss Pillnitz, an Übigau, wo eine »persische« Schlossanlage entstand oder an den Bau des Jagdschlosses Hubertusburg.

Johann Melchior Dinglinger (1664–1731)

Den in Biberach an der Riß geborenen Johann Melchior Dinglinger ernannte der Sachse 1698 zum Hofjuwelier. Der heute weltbekannte Goldschmied schuf unter anderem den berühmten »Hofstaat des Großmoguls von Delhi«. Das aus 132 goldenen, emaillierten Figuren bestehende Kunstwerk ist verziert mit 5223 Diamanten, 189 Rubinen, 53 edlen Perlen und einem Saphir. Im Grünen Gewölbe zu bewundern sind aber aus seiner Werkstatt noch weitere einmalige Kunstwerke, so zum Beispiel »Das goldene Kaffeezeug« oder das »Bad der Diana«.

Balthasar Permoser kam nach einer mehrjährigen Tätigkeit in Florenz an den Dresdner Hof. Er wird heute den meisten Dresden-Besuchern zwar vorrangig durch seine unter August dem Starken geschaffenen Bildhauerarbeiten im Zwinger bekannt sein, aber verwiesen sei auch auf seine Arbeiten im Großen Garten, in der katholischen Holkirche und der Moritzburg.

Balthasar Permoser
(1651–1732)

Generell sehr einfühlsam reagierte der Landesherr auf Vorschläge zu stilvollen Veränderungen. So führten die 1708 erschienenen »Flemmingschen Baupunkte« oder die 1710 von dem Gartengestalter Johann Friedrich Karger entwickelte Bauordnung zu der gekonnten barocken Umwandlung der ehemaligen Renaissance-Stadt Dresden.

Der französische Maler Louis de Silvestre folgte 1716 der Einladung Augusts des Starken nach Dresden. Den begabten Künstler band der Kurfürst-König durch zwei Maßnahmen an Sachsen: Er ernannte ihn schon bald zum Hofmaler und berief ihn später zum Direktor der Dresdner Akademie. Der erste Kontakt zu Silvestre kam übrigens durch den Innenarchitekten Augusts zustande. Das war Raymond Baron de LePlat, der seinerseits 1697 in Krakau die Bekanntschaft mit dem König gemacht hatte. Der Baron stattete zunächst das Warschauer Königsschloss und danach das Dresdner Residenzschloss aus. Vor allem aber erwarb der kunstsinnige LePlat für Augusts Sammlungen eine Vielzahl von Kunstobjekten, vorrangig in Venedig, Florenz, Rom und Paris.

Es spricht für den Wettiner, dass er große Teile seiner Kunstschätze gezielt der Öffentlichkeit bekannt machen wollte. Dementsprechend entstanden jedermann zugängliche Museen, was damals in den deutschen Ländern als sensationell galt. Die Preziosensammlung im Grünen Gewölbe, die breit gefächerte Gemäldesammlung, das Münzkabinett, der Mathematisch-Physikalische Salon und das Kupferstichkabinett ziehen heute riesige Besuchermengen an, weil hier Exponate von höchster Qualität präsentiert werden. Ohne den ausgeprägten Kunstsinn Augusts des Starken wie dann auch seines ehelichen Sohnes wären die Kollektionen nicht entstanden.

Die Fachwelt ist sich hinsichtlich der Beurteilung der künstlerischen Ambitionen und Visionen des Wettiners einig wie sonst selten. Aus dem übereinstimmenden Kanon vieler Meinungen sei abschließend eine Stimme zitiert: *Er verfügte in künstlerischen Bereichen über ein überdurchschnittliches Maß an Übersicht, Zielstrebigkeit und fachlicher Kompetenz ... Seine ungewöhnlich präzise gestalterische Vorstellungskraft führte ... dazu, dass der Kurfürst-König in der von ihm besonders geschätzten Baukunst, in der er schon früh unterrichtet worden war, erfolgreich dilettierte. Darüber hinaus war August auch den anderen Kunstgattungen gegenüber offen und verstand es, Talente gezielt zu fördern und vor allem herausragende Künstler an seinen Hof zu binden* (Dirk Syndram: Die Kunstpflege Augusts des Starken in Dresden, in: Unter einer Krone. Kunst und Kultur der sächsisch-polnischen Union, Leipzig 1997, S. 308).

Er habe bis an sein Lebensende Affären gehabt

In der Krypta der Kathedrale zu Krakau wird der Sarg mit dem Leichnam Augusts des Starken aufbewahrt. Das Herz ist ihm allerdings entfernt worden. Bald nach seinem Ableben am 1. Februar 1733 hat man es nach Dresden gebracht. In der Gruft der Katholischen Hofkirche - der heutigen Kathedrale des Bistums Dresden-Meißen - befindet es sich in einer silbernen, innen vergoldeten Kapsel. Die Gruft ist die Begräbnisstätte auch vieler anderer Wettiner. Wenn es hier eine Führung gibt, wird meistens launig darauf hingewiesen, das Herz des starken Sachsen schlage natürlich nicht mehr. Es sei denn, eine besonders schöne Frau halte sich in der Gruft auf - dann begänne die Kapsel zu vibrieren, weil in das Herz wieder Leben einzöge. Der Scherz wird selbstverständlich als solcher verstanden. Doch allzu oft wird dann von Besuchern die irrige Meinung artikuliert, ein Wunder wäre das allerdings nicht, denn bis zu seinem letzten Atemzug sei der starke August ein Frauenverführer allererster Güte gewesen und die Affären hätten ihn buchstäblich bis ins Grab begleitet. Das ist ein Irrtum!

Der oben schon erwähnte geschwätzige Freiherr Karl Ludwig von Pöllnitz hat in seinem Buch »Das galante Sachsen« alle ihm bekannt gewordenen Affären Augusts des Starken zusammengetragen. Hin und wieder ist wohl von ihm manches Gerücht als Realität ausgewiesen worden, so dass man davon ausgehen kann, Pöllnitz hat eher zu viel als zu wenig

Schloss Pretzsch an der Elbe, das Domizil von Augusts Ehefrau

amouröse Abenteuer niedergeschrieben. Sowohl in dem Buch des Freiherrn als auch in sachlicheren Publikationen taucht in der langen Reihe der Konkubinen als letzte ein junges Mädchen namens Henriette von Osterhausen auf. Die Episode erstreckte sich lediglich über ein Vierteljahr und verlief folgendermaßen.

Augusts Ehefrau war im September 1719 zu einem der außerordentlich seltenen Besuche von Pretzsch nach Dresden gereist. Zu ihrer Begleitung gehörte unter anderem eine Handvoll Hofdamen. Eine davon war eine junge Baronesse, die unter vielen Zeitgenossen als die schönste Frau weit und breit im Land Sachsen galt – Henriette von Osterhausen. Die formvollendete Hülle beeindruckte den Herrscher sehr. Hinzu kam eine große Portion an Esprit, Charme und Herzlichkeit. Diese Eigenschaften hatten August schon immer sehr angezogen. Er bändelte also mit ihr an und war überrascht, mit welcher schnellen

Selbstverständlichkeit die Schöne dem Begehren des Potentaten entgegenkam.

Henriette von Osterhausen († 1727)

Anfangs waren beide bemüht, ihre Liebesbeziehung vor der Öffentlichkeit zu verbergen. Als das zu aufwändig wurde, bekannten sich August und Henriette *coram publico* - vor allen Leuten - zu ihrer Beziehung. Man nahm nun in dem malerischen Schloss Moritzburg Quartier und verlebte gemeinsam auf- und anregende Wochen.

Im Dezember kündigte der Monarch an, er wolle nun wieder in sein Königreich Polen reisen. So geschah es. Die zurückgebliebene Henriette versuchte von Sachsen aus alles, um ihre Position im Kurfürstentum zu festigen und die Huld des Landesherrn

Das Jagdschloss Moritzburg

nicht zu verlieren. Alle ihre Anstrengungen waren vergebens. Immerhin sorgte aber der verflossene Liebhaber für eine standesgemäße Vermählung der Baronesse, und zwar mit dem polnischen Grafen Stanislawski. Damit war die Affäre auch offiziell abgeschlossen und damit war wohl auch endgültig Schluss mit den erotischen Abenteuern des Sachsen.

Die September-Bekanntschaft hatte nun aber nicht etwa kurz vor Augusts Tod begonnen, sondern bereits im Jahr 1719. Anlass der Reise der Kurfürstin nach Dresden waren die bevorstehenden vierwöchigen Hochzeitsfeierlichkeiten ihres Sohnes; zuvor fand die offizielle Vermählung mit der österreichischen Erzherzogin Maria Josepha in Wien statt. Die letzte bekannt gewordene Affäre begann also bereits im 49. Lebensjahr Augusts des Starken. Weit mehr als ein von Enthaltsamkeit geprägtes Jahrzehnt verging demnach noch, bevor der einstmals große Verführer verstarb.

Was mag August bewogen haben, seiner erotischen Leidenschaft für das schöne Geschlecht ziemlich früh und abrupt nicht mehr zu frönen? Es wird dafür vermutlich viele Ursachen geben. Eine wesentliche dürfte der sich dramatisch verschlechternde Gesundheitszustand des Monarchen gewesen sein. Dass er an einer schweren Diabetes litt, ist unbestritten. Fettstoffwechselstörungen und hoher Blutdruck kamen noch hinzu. Von frühester Jugend an lebte er ausschweifend und schonte sich wahrlich nicht - in keinerlei Hinsicht. So kann wohl auch davon ausgegangen werden, dass er jenseits des 50. Lebensjahres mehr verschlissen als die meisten anderen Potentaten seiner Zeit war.

Ankunft Maria Josephas per Schiff anlässlich der Hochzeit 1719

Er wäre gar nicht so stark gewesen.

In keinem der zu Lebzeiten Augusts entstandenen Schriftstücke findet man den Beinamen »der Starke«. Erst lange nach seinem Tod etablierte sich diese Bezeichnung. Dieser Sachverhalt verleitet zu der Meinung, die dem Sachsen zugeschriebenen großen körperlichen Kräfte wären eine Mär, entsprächen also nicht der Wahrheit. Erst im Nachhinein hätte man dem Wettiner diese Eigenschaft angedichtet – mit 176 cm Körpergröße sei er zwar für damalige Verhältnisse übermäßig groß, aber deshalb noch lange nicht ungewöhnlich stark gewesen.

Mitunter wird auch behauptet, das Wort »stark« stehe für »dick«, denn zeitweise war August ziemlich voluminös. So ist beispielsweise für das Jahr 1712 belegt, dass er 260 sächsische Pfund wog. Umgerechnet in unser heutiges Maßsystem, sind das stolze 121,4 kg. Wenigstens dem Herrscher gegenüber oder im kleinen Kreis von Vertrauten könnte also die ihm damals nahestehende Gräfin Cosel dezent unter Umgehung des Wortes »dick« auf die Fettleibigkeit mit dem Satz hingewiesen haben, er sei doch recht stark geworden. Das ist freilich Spekulation.

In den Bereich der Spekulation gehört auch eine Vermutung, die gegenwärtig in der freien Internet-Enzyklopädie Wikipedia zu lesen ist. Es heißt dort, August *soll in der Lage gewesen sein, ein Hufeisen mit den bloßen Händen zu zerbrechen und Eisenstangen zu verbiegen. Es wird aber eher angenommen, dass diese für ihn aus einer speziellen, leicht verformbaren Legierung gegossen wurden.*

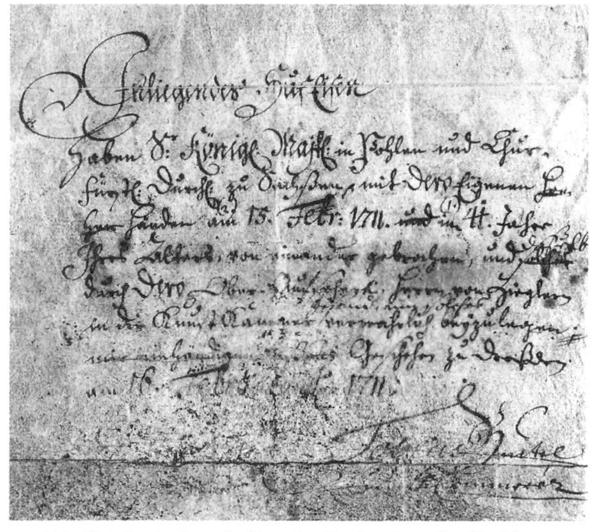

Die Originalurkunde über das Zerbrechen des Hufeisens

Nachprüfbar ist das nicht mehr, denn von dem Sachsen verbogene Eisenstangen sind nicht erhalten geblieben. Wohl aber bewahren die Staatlichen Kunstsammlungen Dresden ein Hufeisen auf, zu dem eine ebenfalls erhalten gebliebene Urkunde gehört. Der Text lautet folgendermaßen: *Inliegendes Huf-Eisen haben S: Königl: Majt: in Pohlen und Chur-Fürstl: Duchl: zu Sachßen mit Dero Eigenen Händen am 15. Febr. 1711 im 41. Jahre Ihres Alters, voneinander gebrochen, und dasselbe durch Dero Ober-Aufseher Herrn von Zieglern in die Kunst Kammer verwahrlich beyzulegen mir einhändigen lassen.*
Geschehen zu Dreßden am 16. Februar Anno 1711.
Tobias Beutel.
Kunst Kämmerer.

Hinsichtlich der Echtheit des Dokuments und folgerichtig des beurkundeten Inhalts bestehen keine Zweifel.

Argwöhnisch muss man wohl alles im allen auch nicht beim Studium eines anderen Dokuments sein, das im Todesjahr Augusts des Starken gefertigt wurde. Aus der Feder des Autors D. F. erschien 1733 eine umfangreiche Biografie mit folgendem Titel:

Das Glorwürdigste
Leben und Thaten
Friedrich Augusti,
des Großen,
Königs in Pohlen und Chur=
Fürstens zu Sachsen, etc.
Mit aufrichtiger Feder in behöriger Histori=
scher Ordnung beschrieben.
Nebst ganz sonderbaren Nachrichten
von der Gewalt und Herrlichkeit, auch denen
Praerogativen, eines Königs von Pohlen,
desgleichen von seiner Erwehlung und Crönung,
und denen vornehmsten Gesetzen
dieses Königreichs.

In der Vorrede zu dem Buch hebt der Autor die Glaubwürdigkeit seines Werkes insofern hervor, als er betont, die Gnade gehabt zu haben, sich öfter am Hofe zu befinden. Dazu gibt er an, auf welche seriösen, zeitgenössischen schriftlichen Quellen er sich beim Verfassen des Werkes außerdem stützte.

Schon im Einleitungskapitel des kenntnisreichen Autors über die Kindheit des Wettiners ist zu lesen, es stecke eine *ungemeine Stärcke in unserem Prinzen, die ihn nachhero eben so, wie seine anderen hohen Qualitäten und Tugenden, in aller Menschen Augen, zu einem wahren Wunder seiner und unserer Zeiten gemachet, dergestalt, daß man schon in seinem dreizehenden und vierzehenden Jahre von ihm zu sagen pflegte: In dem Herzog Friederich stecket eine unglaubliche Stärcke, und wann er so fortwächset, so muß ein andere Simson aus ihm werden.*

Über elf Druckseiten hinweg wird dann über die ungewöhnliche Kraft es Kurfürsten-Königs berichtet. Einige der damit verbundenen geschilderten Vorgänge nennen wir hier exemplarisch.

In Wien habe August den Turm des Doms Sankt Stephan in Begleitung zweier Trompeter bestiegen. Oben angekommen, hätte er die Musiker mit der rechten und linken Hand gepackt, zum Turm hinausgehalten und sie zum Trompeteblasen aufgefordert. »eine Weile« hätten sie so musizieren müssen.

In der südlich Wiens gelegenen kaiserlichen Residenz Laxenburg soll er während einer Sauhatz ein großes Wildschwein bei den Ohren gefangen genommen und zum Jagdzelt des Kaisers Leopold gezogen haben.

Im Vorhof des Zeughauses zu Nürnberg hätte er eine große, mit einem Ring versehene Eisenkugel »von außerordentlicher Schwere nahezu zwey Spannen hoch gehoben« - vier Arbeiter hätten das nicht geschafft.

In »Alt-Dresden, der nunmehrigen Neustadt« sei er auf dem Pferd unterwegs gewesen, als ihn zwei Jungen von etwa fünfzehn Jahren um einige Almosen angebettelt hätten. August habe daraufhin den Pferdezaum zwischen die Zähne genommen, die Beiden ergriffen, in die Höhe gehalten und sei dann im Galopp über die Elbbrücke zum Schloss geritten. Dort wären die Betteljungen reichlich versorgt worden.

In Ungarn schließlich habe sein Pferd ein Hufeisen verloren. Deshalb stieg er in der Schmiede eines kleinen Ortes ab, um sich ein neues Eisen machen zu lassen. Als dieses zum Aufschlagen fertig war, hätte August das geschmiedete Exemplar in kleine Stücke erbrochen, in die Werkstatt geworfen und ausgerufen, »was habt ihr Leute doch vor elend Eisen«.

Während der Autor der Biografie die Wahrhaftigkeit dieser Episoden nicht in Frage stellt, nennt er auch solche, die ihm zwar berichtet worden sind, die er aber anzweifelt. So etwa, dass August sich mit einem bloßen Säbel in der Faust auf einen Bären gestürzt und diesen mit zwei Hieben den Kopf vom Rumpf trennte. Oder dass er bei der kriegerischen Auseinandersetzung mit den Türken die größten Kerle mit einem Hieb von oben bis unten in zwei Teile spaltete. Auch die Behauptung, der Kurfürst-König hätte gleich zwei Kriegern mit einem einzigen Streich die Köpfe abgeschlagen, glaubt er nicht.

Wie dem auch sei – auch wenn in dem einen oder anderen der als wahrhaftig ausgegebenen Berichte übertrieben worden sein sollte, ist die körperliche Stärke des Wettiners zweifelsfrei belegt. Übrigens wurde damals und wird auch in unserer Zeit versucht, die Ursachen der enormen Körperkräfte aufzuspüren. Der zeitgenössische Autor der »glorwürdigsten Thaten Friedrich Augusts« führt in seinem Buch zwei Gründe an.

Da er noch an der Brust seiner Amme gelegen habe, sei ihm öfter Milch einer Löwin verabreicht worden, die in Dresden gerade Junge hatte. Zum anderen habe ihm als Kleinkind ein *sehr verständiger und habiler Exercitien-Meister* immer schwerer werdende Bleikugeln in die Hände gegeben. *Die musste August dann eine gewisse zeit lang vibriren oder schwingen lassen.* Für den Realitätssinn des Verfassers spricht, dass er abschließend zu den Ursachen schreibt, man könne *diesen Sagen viele Raisons* entgegensetzen.

Ebenso unglaubwürdig ist eine Hypothese aus unserer Zeit, die sich in der bereits oben erwähnten Wikipedia-Enzyklopädie findet: *Seine Beinamen der Starke, sächsischer Herkules und eiserne Hand beziehen sich auf die mitunter zur Schau gestellte körperliche Kraft, die er von seiner Vorfahrin Cimburgis von Masowien geerbt haben soll.*

Man muss eine Weile suchen, um die gegen Ende des 14. Jahrhunderts in Warschau geborene Cimburgis aus dem Geschlecht der Piasten in die Ahnenreihe Augusts des Starken einordnen zu können. Gemeint ist der Sachverhalt, dass ihre Tochter Margarete 1431 den sächsischen Herzog Friedrich II. heiratete. Aus dieser Ehe ging 1443 Albrecht, der Begründer der sächsisch-albertinischen Linie der Wettiner hervor, die schließlich mehr als zwei Jahrhunderte später zu August dem Starken führt.

Cimburgis *soll mit der bloßen Hand Eisennägel aus der Wand gezogen und Heufuder gestemmt haben. Diese Eigenschaft trat bei ihrem Nachfahren August dem Starken wieder hervor*, liest man bei Wikipedia.

Freuen wir uns auf weitere kurzweilige Theorien kommender Ursachenforscher!

Er sei noch in jungen Jahren bei strahlender Gesundheit urplötzlich gestorben

In den Morgenstunden des 12. Mai 1670 gebar Anna Sophie - eine Tochter des dänischen Königs Friedrich III. - ihren zweiten Sohn. Der auf den Namen Friedrich August getaufte spätere August der Starke verstarb am 1. Februar 1733, morgens gegen vier Uhr.

Mit den erreichten knapp 63 Lebensjahren ist der Sachse deutlich älter geworden als sein Vater Johann Georg III., der schon mit 44 Jahren das Zeitliche segnete. Auch sein Großvater Johann Georg II. wurde nicht wesentlich älter als Friedrich August: Er verstarb nach 67 Lebensjahren. Wie ist es zu erklären, dass dennoch die Geschichte vom angeblichen frühen Tod kursiert, an dem eine der Mätressen schuld sei?

Ganz offensichtlich liegt hier eine Verwechslung mit dem Schicksal des Bruders Augusts des Starken vor. Der Bruder, Johann Georg IV., seit 1691 sächsischer Kurfürst, verschied bereits mit 26 Jahren. Sein Tod war tatsächlich durch eine Mätresse verursacht worden. Der zwei Jahre vor August geborene Bruder war mit Eleonore Erdmuthe Luise von Sachsen-Eisenach vermählt. Die Ehe mit der acht Jahre älteren Prinzessin war von Anfang an nicht glücklich; sie blieb dazu noch kinderlos. Anders die stürmische Liaison mit der Konkubine Magdalena Sibylla von Neitschütz, aus der eine Tochter hervorging. Die extreme Verliebtheit Johann Georgs in Magdalena offenbarte sich vollends, als er sie offiziell an seinem

Hof einführte und den gewaltigen Betrag von 40.000 Talern an Kaiser Leopold I. dafür zahlte, die Neitschütz in den Stand einer Reichsgräfin von Rochlitz zu erheben. Die maßlose Zuneigung zu der schönen Mätresse wurde sein Verhängnis. Die junge Frau starb im April 1694 an den Pocken. Der unentwegt an ihrem Totenbett weilende Johann Georg hatte tiefbewegt die Sterbende geküsst und sich so angesteckt. Noch im selben Monat wie die Neitschütz – am 24. April - verschied er. Damit wurde der Weg für Friedrich August frei, fortan an der Spitze des Kurfürstentums Sachsens zu stehen.

Soviel also zu dem Irrtum, August der Starke sei ziemlich jung gestorben. Wie aber war es mit seiner Gesundheit bestellt? Ein Mann, dem gewaltige Körperkräfte nachgesagt wurden und der auf vielerlei Gebieten als Haudegen galt, konnte wohl eigentlich nicht kränklich sein. Unvorstellbar für viele, dass eine solche Person zuweilen das Zipperlein gehabt hat. Und sicher ist er doch wohl aus heiterem Himmel heraus kraftstrotzend verschieden!? Nein, so war es nicht. Richtig ist, dass August der Starke über lange Jahre hinweg von Krankheiten geplagt wurde und sein Tod sich längerfristig ankündigte.

Die längste Zeit seines Lebens hat der Sachse unter einer Fußbehinderung gelitten. Als Siebzehnjähriger ging er auf die »Kavalierstour«. Das war eine mehrjährige Reise an die Fürstenhöfe europäischer Länder, um sich »in allen wohlanständigen Fürstlichen Tugenden desto mehr zu perfectionieren«. Während seines Tour-Aufenthaltes in Venedig ist ihm eine große Marmorplatte auf den Fuß gefallen. Fortan musste August mit einer immerwährenden, schmerzhaft-knorpeligen Erhebung leben. Anno 1697 kam ein zweites Malheur hinzu. Während des Karnevals nahm er an einem der beliebten Ringstechen teil. Während des Turniers wurde er vom Pferd gestoßen und zerquetschte sich dabei eine Zehe des linken Fußes. Im Laufe der Jahre entzündete sich der entsprechende Fußbereich immer häufiger, bis es dann zu einem dramatischen Ereignis kam.

Im Herbst 1726 war der Herrscher als polnischer König auf dem Landtag in Grodno gewesen. Während der Rückreise zurück nach Warschau im Dezember stiegen die Schmerzen im linken Fuß durch das Rütteln und Schütteln der Kutsche bis ins Unerträgliche. Auch noch so viel starker Wein und Kühlung im vereisten Wasser der Bäche, Flüsse und Seen oder mit Schnee halfen nicht mehr. Jetzt musste das Bein für einige Tage völlig ruhiggestellt werden. Man steuerte das Schloss des Fürsten Czatoryski in Bialystok an. Der Schlossherr weilte wie meist im Winter in seinem Palast in Warschau, aber selbstverständlich wurde der Kranke fürsorglichst aufgenommen. Doch alle Bemühungen halfen nicht, der Zustand des Patienten verschlechterte sich dramatisch. Einer der berühmtesten Ärzte jener Zeit, der in Paris praktizierende Dr. Jean Louis Petit, war schon vor einiger Zeit eiligst benachrichtigt worden, aber noch nicht in Bialystok eingetroffen. Die den Herrscher immerfort begleitenden Leibärzte erkannten wohl, dass nur noch eine Amputation helfen würde. Doch keiner der Herren hatte den Schneid, das dem König mitzuteilen geschweige denn ans Werk zu gehen. Man hoffte auf die baldige Ankunft von Dr. Petit und dessen ausdrückliche Befürwortung der Amputation.

Mittlerweile sah der Zeh so aus, als würde er verfaulen. In der Not ergriff der Leibbarbier Augusts des Starken am Neujahrstag 1727 die Initiative. Der 1682 in Dresden geborene Barbier Johann Friedrich Weiß war üblicherweise auch in der »niederen Chi-

Der Leibbarbier amputiert die Zehe

rurgie« ausgebildet worden und hatte das sichere Beherrschen der entsprechenden Handwerkskunst schon bei mancherlei anderen Patienten bewiesen. Jetzt aber ging es darum, dem höchsten Herrn im Kurfürstentum Sachsen und im Königreich Polen »die gangrenirte Zehe, welche gleich nach der großen folgt, weiln nichts mehr davon zu erhalten sei, in dem zweiten Gelenke« abzunehmen. Wie aber war das zu bewerkstelligen? Weiß war mit den Leibärzten einer Meinung: Man durfte es dem Herrscher vorher nicht ankündigen und man müsste ihn unbedingt vor dem Eingriff narkotisieren.

Eines der häufig verwendeten Arzneimittel jener Zeit war ein aus verschiedenen Ingredienzien bestehendes Getränk namens Theriak. Es enthielt unter anderem Opiate, was nach der Einnahme beruhigend wirkte. Wurde die Menge erhöht, fiel der Konsument betäubt in einen tiefen Schlaf. Ausreichend Theriak wurde also benötigt, mehr als sich noch in der Reiseapotheke befand. Zum Glück bewahrte man auch im Bialystoker Schloss das Universalmittel auf, und zum Glück trank August ohne weitere Umstände die ihm gereichte Medizin. Schon bald darauf schien er betäubt zu sein. Weiß ergriff das Operationsbesteck und wollte soeben mit seiner Arbeit beginnen, als der Monarch die Augen wieder aufschlug und den entsetzten Barbier fixierte. Doch es war tatsächlich nur ein Augenblick, dann stellte sich wieder der Schlaf ein. Weiß konnte ohne weitere Zwischenfälle amputieren.

Am nächsten Tag, nach dem kontrollierenden Abnehmen des Verbandes, entlud August der Starke explosionsartig seinen Zorn. Er beruhigte sich erst wieder, als der dann bald eingetroffene französische Arzt versicherte, die Amputation sei lebensrettend gewesen. Weiß erhielt von seinem nun besänftigten und dankbaren Herrn ein äußerst großzügiges Geldgeschenk, von dem er sich später in Dresden ein Haus bauen konnte.

Die Spuren der Krankheit waren freilich nicht aus der Welt zu schaffen. Als August viereinhalb Monate nach der Operation bei dem preußischen König

Friedrich Wilhelm I. weilte, notierte Prinzessin Wilhelmine, der Sachse sähe sehr zerbrechlich aus. Er könne *kaum gehen, noch lange stehen. Der Brand war schon dazu getreten, so daß man, um den Fuß zu retten, zwei Zehen hatte abnehmen müssen. Die Wunde war stets offen, und er litt große Schmerzen.*

Auch wenn sich die Prinzessin hinsichtlich der amputierten Zehenzahl irrte, unterstreicht doch der formulierte Eindruck die Vermutung, dass der Sachse an massiveren Dingen litt als an dem entfernten Zeh. Mit sehr hoher Wahrscheinlichkeit muss von einer Zuckerkrankheit ausgegangen werden. Diabetes mellitus war zwar grundsätzlich zu Augusts Zeit schon bekannt. Aber die Palette der Erscheinungsformen, Ursachen und Behandlungsmethoden kannte man noch nicht.

Immer häufiger hatte sich der Herrscher in den vergangenen Jahren abgeschlagen gefühlt. Dass er auch schon frühzeitig über seinen Tod nachdachte, deutet sich in diversen Niederschriften an. Schon 1705 verfasste er sein politisches Testament; 1726 brachte er seinen »letzten Willen« zu Papier und seinem Sohn schrieb er am ersten Weihnachtsfeiertag sogar einen Abschiedsbrief.

Im Januar und Februar 1732 hielt sich August in Dresden auf. Eigentlich wollte er von hier aus einige Reisen in das Kurfürstentum starten, aber sein desolater Gesundheitszustand verhinderte das. Am 5. März wollte er in Warschau sein, um den polnischen Reichstag zu eröffnen. Unter großen Schmerzen trat er deshalb am 27. Februar die Rückreise an und machte für einen Tag Station in Moritzburg. Ob so geplant oder wegen des gesundheitlichen Zustands, wissen wir nicht. Jedenfalls war er rechtzeitig in Warschau und quälte sich, die Zeremonien zu erfüllen. Im Sommer brach er zur Beobachtung eines Manövers nach Czerniachów auf. Trotz einer vorhergehenden Phase der Erholung wird berichtet, dass der Monarch die Gefechtshandlungen nur noch sitzend beobachten konnte. Gegen den Rat seiner Ärzte zwang er sich im Herbst, noch einmal in seine Dresdner Residenz zu reisen. Den Jahreswechsel 1732/33 erlebte er in Leipzig; am 10. Januar 1733 drängte es ihn zurück nach Polen. »Ich fühle die mir drohende Gefahr, doch bin ich verpflichtet, mehr Bedacht zu nehmen auf meine Völker als auf meine Person«, soll er gegenüber seinen Leibärzten geäußert haben. Am 19. Januar wollte er in Warschau wiederum den polnischen Reichstag mit einer kurzen Rede eröffnen.

Auf dem Weg von Dresden nach Warschau war in Krossen an der Oder eine Begegnung mit Wilhelm von Grumbkow verabredet worden. Der 55-jährige Abgesandte des Preußenkönigs war selbst leidend – er verstarb im Alter von 60 Jahren – doch gemessen am gesundheitlichen Zustand des Sachsen vergaß Grumbkow seine körperlichen Probleme. In seinem Bericht über das Zusammentreffen schildert er den jämmerlichen Zustand Augusts. Der sei auf ihn gestürzt, und wenn er – Grumbkow – sich nicht an ein Möbelstück geklammert hätte, wären sie beide gefallen. Dennoch hebt der Preuße hervor, dass man längere Zeit bei reichlichem Essen und noch größeren Mengen besten Weins geplaudert habe.

Häufige Bewusstlosigkeit gehörte zu den Begleiterscheinungen danach auf der Kutschfahrt von Krossen nach Warschau. Als der Tross hier am 16. Januar eintraf, war der vollständig versammelte Hofstaat nicht allein vom Aussehen, sondern auch von der Apathie des Königs arg betroffen. Man bettete den Monarchen schleunigst zur Ruhe, verdunkelte das Schlafgemach und hoffte auf die Kunst der Ärzte.

Die Kapsel mit dem Herz Augusts des Starken in der Gruft der Katholischen Hofkirche zu Dresden

Zwei qualvolle Wochen vergingen, das Bangen nahm von Tag zu Tag zu. Hin und wieder versuchte der willensstarke Sachse, sich aufzurichten und wenigstens kurzzeitig das Krankenbett zu verlassen. Doch der Wille allein konnte nichts mehr bewegen. In den frühen Morgenstunden des 1. Februar wurde August der Starke von seinem Todeskampf erlöst.

Der Leib des Kurfürsten und Monarchen ist im Wawel in Krakau bestattet worden; sein Herz wird in der Gruft der Katholischen Hofkirche in Dresden aufbewahrt.

Der aus Gips nachgeformte Kopf Augusts des Starken

Quellenverzeichnis

Fassmann, D.: Das glorwürdigste Leben und Thaten Friedrich Augusti des Großen, Hamburg/Frankfurt am Main 1733.

Feustel, Gotthard: Gräfin Cosel und das Taschenbergpalais, Taucha 2005.

Gurlitt, Cornelius G.: August der Starke. Ein Fürstenleben aus der Zeit des deutschen Barock, 2 Bde, Dresden 1924.

Hoffmann, Gabriele: Constantia von Cosel und August der Starke. Die Geschichte einer Mätresse, Bergisch Gladbach 1988.

Knauth, Johann C.: Alt-Zellische Chroniken, Teil I–VII, Dresden/Leipzig 1722.

Leipziger Post- und Ordinar Zeitung, Jge. 1693 ff.

Nadolski, Dieter: Die Affären Augusts des Starken, Taucha 2007.

Ders.: Die Ehetragödie Augusts des Starken, Taucha 2007.

Ders.: Wahre Geschichten um Gräfin Cosel, Taucha 2010.

Vehse, Karl E.: Geschichte der Höfe des Hauses Sachsen, Hamburg 1854.

Zedler, Johann H.: Grosses vollständiges Universal-Lexicon aller Wissenschafften und Künste, Halle an der Saale/Leipzig 1731–1754.

Bildnachweis

Alle Fotos entstammen dem Archiv des Verlags; außerdem von Doris Antony: S. 60.